JN124470

グループホームを支える人たちへ

－認知症の人たちからのメッセージ－

著者

生座本磯美

櫻井　正子

武田　純子

株式会社　ワールドプランニング

【はじめに】

　認知症ケアの在り方は，2000年に始まった介護保険制度とともに目覚ましく進化してきました．私たちは20世紀の終わりごろからグループホームに関わる仕事に就き，認知症の人の暮らしを支援してきたのですが，その当時は認知症の人の言動をどのように受け止め，理解していけばよいのかがわからない状態でした．そして，私たちは徐々に認知症の人が体験している暮らしの困難さを学んできたのです．

　現在認知症介護現場では，さまざまなテキストや参考文献が見られるようになりました．グループホームのケア現場を見てみると，関わり方や技術の習得までには長い期間を要していることが感じられます．

　そして，この認知症介護現場では利用者とのチグハグな関わりは，認知症の人の認知機能の障害からくると受け止められがちですが，介護者のもつ思い込み・決めつけ・価値観・服装・言語・態度などが思いのほか認知症の人の心を傷つけ，関係をこじらせているのではないかと考えました．

　これらから認知症の人の生活を心地よいものに支援していくためには，介護者自身と認知症の人との関わりを，客観的に観察・認識できることが重要だと感じたのです．そして，認知症の人と向き合うときに求められる " 介護者の姿勢・態度 " を見直し，自分の関わりの場面を振り返る機会を作りたいと思いました．

　本書はグループホームという認知症の人に特化した暮らしの場で，関わっている自分を客観的にとらえ，そのさまざまな関わりの場面を4コマ漫画という形でみてもらうことで振り返り，認知症ケアの在り方を考える一助になれば幸いです．

　2021年1月

　　　　　　　　　　　編著者　生座本磯美，櫻井正子，武田純子

もくじ

ご本人の尊厳を守る

おやつの
時間に
なったから、
テーブルの
ほうで
食べてもらおう!

言葉も理解
できているか
どうかわから
ないから…
子どもに話す
ように優しく
話そう!!

何だか嫌な
気持ち

子どもじゃ
ないんだから、
私をバカに
しているの…

Point　ケアのポイント

友達と話すようなため口や幼児と話すような赤ちゃん言葉は，高齢者にはふさわしくありません．言葉はていねいに，そして適切な敬語を使ってください．言葉がスムーズに出ない利用者に対しては，ゆっくりとわかりやすい言葉と動作を交えた話し方をしましょう．人生の先輩である利用者を敬う会話が大切です．（慣れ親しんでからの方言での会話は OK です）

おやつを
食べて
いただこう

転ばない
ように，
ゆっくり座って
いただいて…
大丈夫かな？

ちょっと熱めの
お茶だから，
注意して
もらおう!!

親切にして
いただけるし，
お茶もおいしい
ネ〜

❶ - 2　利用者の状況に合わせた対応

職員の気持ち

利用者の気持ち

今日のご飯は
なにかな〜

じゃまだから
そっちで
座っていて!

だって気に
なるよ!!

また来た
うるさいな〜

お腹が空いた
まだかなあ〜

しつこい!!
だまっていて!

そんなに
おこらなくても
いいのに!

Point　ケアのポイント

食事を待っているとき，「なにが出てくるのか？　おいしいのか？」
など，気になるものです．そのようなとき，周りをウロウロしたり，
ときにはつまみ食いをしたり，目が離せませんね．「まだですよぉ〜，
もう少し待ってね！」といってもまだウロウロしています．食べた
いと感じる瞬間を大切にして，周りと一緒ではなく，先に食べてい
ただくこともときには大切ですから考えましょう．

ちょっと
お腹すいたの
かな？

今日のご飯は
なにかな？

がまんで
きそうに
ないかな？
先に食べて
もらい
ましょうか！

できている
ものから
食べてもらい
ましょう

ありがとう
おいしそう！

❶ - 3　あいさつは基本

職員の
気持ち

利用者の
気持ち

なに？
このかっこ？

着替えて
くれないかな〜

そんな言い方
しなくても
いいのに！

早く着替えて！

恐い！
なにか悪いこと
した？

Point　ケアのポイント

「あいさつ」は物事の基本です．状況を見きわめて，まず，笑顔であいさつをすることを心がけましょう．
「～してください」という言葉は命令形となりますので注意しましょう．

ご機嫌
どうかな？

あっ
いつもの人だ

着替えて
もらおう

手伝って
くれるのかな？

そうだ
着替えよう～

❷- 1　一方的に指示はしない

職員の
気持ち

利用者の
気持ち

口の中は
キレイに
しておかなきゃ

なに言って
いるの?
ここで
外すのか?

グズグズ
していないで
早くしてよ

だんだん腹が
立ってきた!!

Point　ケアのポイント

口腔内を清潔に保つことは大切です．
入れ歯（義歯）の取り外し等，本人が抵抗なくできるようにするためには，まず，目線を合わせて話しかけてから，用件に入っていくようにしたいものです（話の内容や物の名前がわからない場合があります）．どのような場合でも，口の中の入れ歯を人前で出させることはやめましょう．しかし食後は食物残差が溜まっている場合が多いため，速やかにケアをすることは大切です．

❷-2 わかりやすい会話

職員の
気持ち

利用者の
気持ち

買い物に
行かなきゃ

たくさん
言っているけど
なにを
言っているのか
わからない?

もー
また忘れて
いる!

Point ケアのポイント

一度に多くの言葉を伝えると，かえってわからなくなります．ひとつずつ区切って，ゆっくりと伝えることを心がけてください．利用者がわからない場合には，スタッフの伝え方に問題がなかったかどうかを振り返る必要もあります．

買い物
行けそうかな？

あっ
うれしい
行きたい

わかりやすい
言葉で
ゆっくりと
話そう

ゆっくりひとつ
ずつ話して
くれるから
わかりやすいわ

❷ - 3　目線を合わせて会話する

聞こえないから
大きな声で
言わなきゃ

何だよ
うるさいな!

なにか言って
いるけど
わからない

大きな
音がしたけど…

Point ケアのポイント

利用者1人ひとりと目線を合わせ，まず近くに寄ってていねいにあいさつをします．その場の雰囲気や状況をみて，あいさつの声のトーンや，イントネーションなどを考えてみましょう．急に話しかけたり，大きな声で話しても，騒音にしか聞こえない場合があります（すべての利用者が難聴ではありません）．

職員の
気持ち

利用者の
気持ち

何だかウロウロ
しているわね〜

暗くなってきた
家に帰る
時間かな?

ほら、また出て
行こうと
している
困っちゃうわ〜

ところ行くの?
一人で行っちゃ
だめでしょ!!

何回言えば
わかって
くれるの?
いいかげんに
して!!

聞こえないの〜!

出口はどこ?

家に帰らなきゃ
何だか
うるさいな〜

Point　ケアのポイント

家事仕事をしながら言葉かけをしても，利用者は自分にいわれていると気がつかない場合があります．片手間に声をかけるのではなく，仕事の手を止めて，利用者の気持ちを汲み取りながら関わるようにしてみましょう．利用者がなにをしようとしているかがわかると，混乱は収まるものです．

職員の
気持ち

利用者の
気持ち

ニュース
わかったかな?

何か言って
いるけど…

なにを言って
いるのか
わからない

なに? 何で
行っちゃうの
せっかく声かけ
たのに…

部屋に行こう

Point ケアのポイント

テレビを見て楽しんでいるときに話しかけても反応しないことは多々あります．話しかけるときは，名前をよんで注意を向けてもらってから話すことが大切です．また，内容が理解できていないようなときは，少し解説を加えると楽しんで見ることができます．

職員の気持ち

利用者の気持ち

お風呂に入れなきゃ

いまは入りたくない

何でよ!!いま入ってよ!

嫌だって言っているじゃない

Point　ケアのポイント

急に「お風呂に行きましょう」などと1人だけに声をかけたとすれば，利用者は「なぜ，私だけ？」と感じるでしょう．タイミングを見きわめることが大切で，たとえば，名前が書いてあるタオルをご家族が届けてくれたことや，入浴剤を新しくしたなど，利用者がお風呂に興味を示せるようなきっかけを見つけることは重要です．

入りたくなるようなキッカケを伝えれば、入る気になってくれるかな？

あ〜新しい私のタオル
娘が持ってきてくれた…
じゃ、入ろうかな

❹ - 1　利用者の視界に入って伝える

職員の
気持ち

利用者の
気持ち

終わったら
持って来てよ

持って
来ない…
早く持って
来てよ!

もう…
いいかげんに
してよ

私に言って
いたの?

Point　ケアのポイント

後ろを向いた状態で話しても，利用者にはだれに言っているのかわかりません．一方，スタッフは気持ちのゆるみから，言葉と態度が雑になり，利用者の不安や混乱を引き起こす場合があります．どのようなときでも話しかける相手には近づいて，利用者の視野に入って伝えましょう．

近くで
言わないと
聞こえに
くいから

できそうかな？
少しずつ
運んでもらおう
かな

ごちそうさま
お皿を持って
行かなきゃ

職員の
気持ち

利用者の
気持ち

記録しちゃわ
ないと…

なに
やってるの?

じっとしていて

おしっこしたい
けど…

なぜ
おこるんだろ
う?
こわいな〜

また動く
座っていてって
言ったのに

おしっこ
したいけど
どう言えば
いいの?

Point ケアのポイント

利用者が自分から動こうとするときは，本人に何らかの意思があります．その意味を考えないで，行動を止めることは，利用者が困る状況を作ってしまいます．その表情や動作をみて素早く対応することが大切です．

職員の
気持ち

利用者の
気持ち

もう夕方だから
帰らなきゃ

なにをウロウロ
しているの？

どうしたの？

出口はどこ？

だから!!
あぶないって
言ってるじゃ
ない

あぶないよー

こっちも
違うし
わからない！

どこに行けばい
いの？
どうすれば
いいの？
どうやって
帰ればいいの？

Point｜ケアのポイント

一般的に，夕暮れは「家に帰ろう」という習慣があります．スタッフも忙しく動き出して利用者の見守りがおろそかになります．そのようなとき，利用者はどうしてよいかわからず，落ち着かなくなります．
忙しくてもスタッフはいったん自分の作業を中断して利用者に寄り添う時間を作るようにしましょう．

混乱の予防緩和

❺ - 1　行動を止めない

職員の
気持ち

利用者の
気持ち

行かなきゃ

またやってる
ほっておこう
出られると
困るから
鍵かけちゃう

出口はどこ?

開かない

出して!

Point | ケアのポイント

空が薄暗くなって，周囲があわただしくなる時間を利用者は敏感に感じ取ります．そして，自分は，「どこに行けばよいのか」「なにをすればよいのか」がわからない不安に焦ってきます．夕方は1日の疲れが出てきますし，利用者の行動を中断しようとした場合はさらに混乱が大きくなります．利用者の気持ちを汲み取るスタッフの優しい言葉かけが大切です．

夕方だから
帰りたくなった
かな？

帰らなきゃ
いけないけど
どうすれば
いいのか
わからない…

まず
気を静めて
もらおう

気分を変えて
もらおう！

何だっけ？
ちょっと休もう

職員の
気持ち

利用者の
気持ち

トランプ
楽しい

A:次どうするん
だっけ
B:なにやってん
の…
C:ちがうでしょ

できないなら
やめれば
いいのに

A:そんなに
おこらなくても
B C:もーっ!

A:何でおこられ
たのか
わからない

Point | ケアのポイント

できない人やわからない人を，仲間外れにしないで，スタッフはそっと傍に座って支援することで，スムーズにゲームができるようになることがあります．1人ひとりのできること，できないことを把握しておくことが大切です．

職員の
気持ち

利用者の
気持ち

ご飯?
どうやって
食べたらいい?

どうして
食べないの

わからない…

これも…
これも…
これも…
乗せちゃえ

こんなに
しちゃって
どうするの!
ヨーグルトまで
乗っけちゃって

そんなに
言わなくても…

Point ケアのポイント

一緒に食卓について，食べてみせることは非常に効果的です．グループホームで一緒にご飯を食べるのはモデリングというケアの一環です．それでもうまくいかないときは，箸でひと口，利用者の口に入れてから，お茶碗をもっていただくと食べることができる場合もあります．

最近食べ方が
わからない
ようだから
一緒に食べて
みよう

どうやって
食べたら
いいの？

ちょっと
誘導してみよ

そうか!
みそ汁か!

食べ
終わったから
次はデザートを
食べよう

今日の食事は
たのしいなあ〜

❻-1 安全に活動を促す

職員の
気持ち

利用者の
気持ち

ちょっと
外へ散歩
にでも
行こうかな〜

フラフラ歩いて
危ないのに

ちょっと
フラフラ
するな〜

歩かないでよ

クツ
はけるかな〜

何度言っても
わからないん
だから…

なにをおこって
いるの？

Point ｜ ケアのポイント

「危ないよ」などと，後ろから声をかけると，利用者は不安になり，注意力が散漫になります．危ないからやめようではなく，危なくないような支援の在り方を考えてみましょう．

歩きにくく
なっている?

ちょっと
フラフラ

危ないから
手すりに
つかまって

あ〜手すり
あったんだ
これがあれば
一人でも
大丈夫!

❻ - 2 ひとつずつ順番に

お風呂に入っ
てもらわなきゃ

なにか言って
いるけど
わからない

わかった?

わからないから
部屋に
もどろう

なにをして
いるの?
いつまで
待たせるの

あれ
寝てる
お風呂は?

眠い!

Point ケアのポイント

長い説明を利用者が覚えるのは難しく，途中でわからなくなることが多々あります．いまやることをひとつずつ声かけしながら順番にいえば，利用者は理解できるし，行動できます．言葉の選び方や時間帯などによって，利用者の理解力に違いが出てくることもあることを認識しておきましょう．

Hさん！
次お風呂に
入りますか？

お風呂
うれしい

準備を
いっしょに
しよう

あ〜
そうか！

準備できたネ

❻ - 3　短い言葉でわかりやすく

このへんで
終わろうかな～

終わった!
終わった!

片づけを
してもらおう

なに言って
いるのか
わからない

草もお願い
していいかな～

えっ?
わからない

どこ行くの?
ちがうでしょ

どうすれば
いいの?

Point　ケアのポイント

なにをすべきかをひとつずつ的確に示しましょう.
「力仕事していただいて，助かりました.」「ありがとうございます」
など感謝の心を言葉に表しましょう. 思ってるだけではなにも伝わ
りません.

一つずつ
言わないと
わかりにくい
から

シャベルと
ジョーロ
持った!

次は草を
ゴミ袋に入れて
運べるかな?

草をゴミ袋に?

できたネ〜
よかった

あそこに
捨てるんだ…

❼-1　利用者のペースに合わせて

朝になったから
着替えよう

ボーッ
まだ眠い

あれっ?
うまく
いかないな〜

なにやってるの
ボタンかけ
違えているし
ちゃんと
やってよ!

うるさいな〜
なに偉そうに
指示して
るんだ!

Point ケアのポイント

利用者のもっている力を理解して，その力を発揮できるようにすることがスタッフの役割です．言葉や態度でせかさないで，利用者のペースにあわせてゆっくり待つことが大切です．
スタッフはきっかけを与えて，見守りながら待ち，達成したことを認めましょう．

あれっ？
うまく
いかないな〜

最初だけ
お手伝い
しましょうネ

あーそうか
ここにボタンの
穴があった
ありがとう

自分で
できた

❼ - 2　言葉かけは少なく

職員の気持ち

利用者の気持ち

クツは自分で
はけるかな？
やってあげた
ほうが
いいかな？

そんな事ぐらい
自分でできるよ

危ないから
座ってやって
くれたら
いいのに

いちいち
うるさいな〜
そんなに年寄り
じゃないよ！

まだはだしだよ!!
クツはいてよ

うるさ〜い
あっちへ行け！

Point ケアのポイント

行動しようとしているとき，利用者が自分でできるように "靴を並べる"，手すりがないときは "イスを用意する" など，利用者が自分でできるように順序を整えて用意し，言葉かけは少なく見守ります．次から次へとたくさんの言葉をかけると，利用者はますますわからなくなるので注意しましょう．

こうしておけば
はきやすい

あっ
俺の
クツだ

座ったほうが
楽だから
イスを持って
来よう

ゆっくり
どうぞ!!

あ～
これは
楽だ

気持いいね～

職員の
気持ち

利用者の
気持ち

あれっ?
一人で残って
いるよ…

お花…!
キレイだな〜

早く来てよ
私が困るよ

この花
つんで行こう
かな?
うるさいな〜
花みてる
だけだよ

勝手にすれば
いいだろ!

Point ケアのポイント

美しいものや楽しいことは，1人ではなく，みんなで体験しましょう．
利用者のペースで行動し，楽しんでいる場面では時間をかけて，ゆっ
くり過ごすようにしましょう．スタッフはみんなの安全を見守るこ
とを心がけましょう．

❽ - 1　楽しみ事の邪魔をしない

職員の
気持ち

利用者の
気持ち

勤務調整を
早くすませて
おこう

なに言って
るの?
テレビ見て
いるのに
うるさいな〜

頭の上で
話しをして
うるさいな〜

仕事の話を
しているん
だから
いいかな…

向こうに
行こう!!

Point ケアのポイント

テレビを見るなどして楽しんでいる利用者の側で，スタッフ同士が関係のない話をすることは，失礼な行為といえます．急な用件であっても，「用事があって，席を外しますね」と断ってから，別の場所で話をしましょう．スタッフ同士の報告・連絡・相談などは，もちろんのことです．

勤務の調整…
いま話して
いいかな～
ちょっとあっちに
行こうか

この人
うまいネ～

皆んなの
楽しみを
じゃましない
ように

そうだネ～

❽ - 2　集中が途切れると食べられない

しっかり
食べてね

ゆっくり
食べる

食事中なのに

あの人だれ
どうすれば
いいのかな〜

Point　ケアのポイント

食事中に突然の訪問客や，荷物の配達など，あわただしい雰囲気の
なかでは食事はできなくなってしまいます．利用者の家族には食事
中の面会は遠慮していただきたいと事前にお願いしておきましょう．
どのような場合でも利用者が落ち着いて集中できる状況を作ってか
ら，食事を始めましょう．

食事中に
入ってきて
ほしくないな

いつもと
同じ

利用者の
じゃまに
ならない所で
話をしよう

❽-3　遠くから話すと内容が伝わらない

あらっ
出て来た

返事もないから
いいか

なにか言って
いるのか?

だれに
言ったのか
わからん

もどるか

Point | ケアのポイント

話しかけるときは利用者に近づいて目線を合わせて，これから話しますよという合図を送ってから話しましょう．言葉を区切って，利用者が理解する様子をゆっくり確認しながら伝えることが大切です．

本人の前に
行って

あら
私をさそって
くれた？

わかった!

おだやかな
いい時間が
つくれた…

職員の
気持ち

利用者の
気持ち

すごろくって
楽しいネ

ちょっと…
遊んでいる
場合じゃ
ないでしょ!!

どうした?

なにか
わかんないけど
おだやかに
話せば
いいのに

うるさいから
別の所にいこう

Point｜ケアのポイント

楽しんでいる活動の途中で，他のスタッフが話しかけることは全体の活動を中断することになります．スタッフ同士のコミュニケーションのまずさが，利用者の楽しい雰囲気を壊す原因となります．場所や時間を変えて話し合ってください．

訂正して
もらいたい所が
あるけど…
いまいいかな?

皆さん楽しんで
いるから
あっちに行って
話したほうが
いいネ

どうぞ!
まぁ2人で
やろう

職員の
気持ち

利用者の
気持ち

あらっ
ご機嫌悪い?

イライラ

いつも
お願いしている
ことだから

そんなの
私の仕事じゃ
ない

何で
怒るのよ!

なによ!
勝手にすれば

Point　ケアのポイント

利用者がいつもと違う様子をみせるときは，座ってゆっくりと話を聞きましょう．利用者の表情や言葉から気持ちの浮き沈みを汲み取り，いやなことや怒ることの原因を明らかにしていくことが大切です．また，利用者が上手に表現できないときでも，落ち着いて，せかさず，ゆっくりと不安に思っていることを受け止めて，一緒に解決していきましょう．

何だか
気分が悪い

ご飯食べたけど
ちょっと
気分転換
してもらおう

わからないけど
いただきますよ!

やさしいネ
ありがとう

職員の気持ち

利用者の気持ち

なに？

私こまっているの

早く言ってよ!

話聞いてくれるかな

そうだ なにかやってもらおう

なにそれ!

もう，この人いや!!

Point ケアのポイント

利用者が困った様子をみせたときは，タイミングを逃さずに声をかけて，落ち着いて話を聞くようにしましょう．一方的なスタッフの判断で気分転換と思って仕事などを頼んだりすると，利用者は気持ちをわかってもらえないと怒りはじめたりして，逆効果になることもありますので注意しましょう．

何だか
不安そうだ
なあ…

話を聞いて
もらえるかな？

あっちに
座って
話を聞く
ことにしよう

少し気が
楽になってきた

ご本人の想いの理解
ご本人の想いと可能性の把握

❿ - 1 できるつもりを認めよう

職員の
気持ち

利用者の
気持ち

タンスの整理
しなきゃ

だれ?
こんなにグチャ
グチャにしたの
モーッ!!

もっと
グチャグチャに
されると困るし
手伝おう

私が自分で
できるよ!

Point ケアのポイント

自分の部屋やタンスの中などを片づけているつもりが，実はぐちゃぐちゃにしている利用者もいます．自分でできると思っていることをスタッフが勝手に片づけると，利用者は混乱してしまいます．利用者の自分でできるという思いを大切にして，一緒にお手伝いをするというような対応をしましょう．万一の場合に備えて，着替え一式を別のところに保管しておくのも，ひとつの方法です．

まだ自分で
やれていると
思っているので
ここは
このままに

自分でセット
でき難くなって
いるから万一の
場合に備えて
着替えセットを
一式つくって
おきましょう

整頓しなきゃ
いつもグチャ
グチャだわ…
変ネ

職員の
気持ち

利用者の
気持ち

昨日もお箸を使
えなかったから
介助しなきゃ
いけないな〜

あーおいしそう

さ〜
食べよう

私が
食べさせて
あげる

箸
取らないで!

なにするのよ!
よこせ!

Point ケアのポイント

失敗や汚れることを恐れて，利用者が自分でやろうとすることをとめないでください．利用者が自分でしようとするときは，できないと決めつけずに，その可能性を見守り，利用者が自分でできるように支援することが大切です．言葉がうまく出てこない場合でもスタッフの言葉は理解できている場合が多くあります．

職員の
気持ち

利用者の
気持ち

形が
そろわないと
おいしく見えな
いから

うまくできない
じゃない
もういいよ
私が作るから

なにも
できなくなった
お手伝い
したいのに

年寄りは
ダメだね

Point｜ケアのポイント

やれる気持ちで始めても，うまくできないときがあります．その場面で利用者の気持ちを落ち込ませることなく，一緒に行動できたことを大切にしましょう．「まだできる」という利用者の思いと可能性を引き出しながら，一緒に行動しましょう．

形は
不ぞろいでも
味は同じさ

何個か作って
いるうちに
うまくなってきた

なかなか
いいじゃない
まだまだ
大丈夫だ!!

職員の
気持ち

利用者の
気持ち

ワーッ
土ついてた

どろだらけに
なっちゃう
掃除大変
なんだよネ

触ったって
いいでしょう
見るだけ
だったのか
じゃ食べられ
ないか

Point　ケアのポイント

私たちの暮らしや習慣が昔と現代では違っていても，変わらないものがあります．それらは利用者の関心が深いものです．その嬉しさ，なつかしさ，楽しさを話しているときは利用者の笑顔があふれます．スタッフは聞き役になって，楽しさを分かち合いましょう．

⓫ - 2　利用者の価値観を大切に

職員の
気持ち

利用者の
気持ち

私の仕事!!

なに?
このレシート!
こんなの
いらないよね
すてよう

トイレに
行ってこよう

私の
大事な物
なんでステル
のよ

Point ケアのポイント

利用者が大切にしている物品を，スタッフが片づけたり捨てたりして管理しようとするときは，特に注意してください．利用者がなぜ時間をかけて取り組んでいるのかという意味を，スタッフは十分に聞く必要があります．利用者が大切にしている意味がわかれば，その保管方法などを一緒に考えるようにしましょう．

レシートだけど
伝票の
つもりかな
仕事して
いるのか

かわいい
お菓子の箱
　あった
これで整理
　した
うれしいかも

うれしいな

整理できた

なにかできる
ことないかな〜
いつもテレビ
ばかり見てる

何ですか?

昔やってた
だろうから
簡単でしょ

どうするか
わからないな
うまくいかない

私の
仕事ではない

Point ｜ ケアのポイント

利用者の以前の趣味や得意だったことなどをスタッフが行うことで，利用者が少しでも関心を示せば，その続きをお願いしてみましょう．利用者の内在する力を思いがけず引き出す場合があります．以前の楽しみをいまも楽しく体験できるのかを，ゆっくりと見守り，たとえ一部であっても利用者がいまでも楽しんで行える範囲を見つけましょう．

まずは
やって見せて
興味あるかな？

できそう…

編み物
やってるんだ
私も昔は
編んでたなあ〜

計画どおり
興味を示して
くれた

ずいぶんやって
ないけど…
やってみたく
なってきた

やってみると
できたよ
意外だ〜

職員の
気持ち

利用者の
気持ち

なにか変だな

いつもなら
喜んで
ついてくるのに

お茶
行きたくない
のに

まぁ
しかたない

どうしちゃった
のよ
なにか変!

いらないのに～

Point ケアのポイント

眠っているわけでもないのに，声かけに反応が遅い，目がうつろなど，いつもと違う利用者の様子に気づいたときは，まずはバイタルチェックをしましょう．発熱など普段と異なる事柄があった場合はほかのスタッフに伝えて，記録に残し，状況によっては医療につなげ，独自の判断は絶対に避けましょう．

お茶どころじゃないわ

つらいのよ

わかってくれてありがとう

職員の
気持ち

利用者の
気持ち

お尻が気持ち
悪いけど…!!

食べないのなら
しょうがない〜
下げるか

気持ち悪くて
ご飯どころでは
ないよ

なんで
ご飯持って
いくんだ!

なにも
わかって
もらえない

Point　ケアのポイント

食卓につく前にトイレをすませる声かけをしましょう．「トイレに行きたい」「失敗して汚れている」ときでも，利用者は自分からスタッフにいえず，食事どころではない場合があります．失敗してしまった場合には，「気づかずにごめんなさい」というスタッフのひと言で，利用者の気持ちは救われると思います．

いつもと
違うわ

気持ち悪くて…
わかってほしい

あ〜
お尻が気持ち
悪かったんだね
気づかなくて
ゴメンネー

よかった
気づいてくれた

ようやく
食べる気に
なった

⓬ - 3 「まぁいいか」は危険信号

職員の気持ち		利用者の気持ち
なにかあったか		落ちた! 痛い!
自分でベッドにもどってる 大丈夫らしい		だれも見に来てくれんのか 痛い! イタイ!
何ともないみたい…		
昨日は何ともなかったのに		もうダメだ!

Point ケアのポイント

転倒・転落の場合，利用者は自分でもビックリして，衝撃を隠したり，大丈夫と思い込んで確認を拒否することがあります．どのように落ちたか，どこをぶつけたか，痛み・見た目・触って痛がるなどの確認を行い，記録し，医療機関へ受診をしてください．緊急・救急対応マニュアルは各グループホームで作成しておくべきです．

⓭ - 1 いっしょに行動する

職員の
気持ち

利用者の
気持ち

なんだか
一人だけ
暇だなぁ～

さぁ
これから
ひと仕事

皆んな
仕事してるし
私はなにを
すれば…

利用者さんは
座っててほしい

なにもすること
ないんだ…

この時間は
忙しいの!

帰りたいなー

Point ｜ ケアのポイント

夕方には夕飯の準備，洗濯物の片づけなどで，スタッフは忙しく動きます．利用者はなにかすることはないかとウロウロして，落ち着かなくなります．利用者の行動を止めるのではなく，野菜の下ごしらえをお願いするなど一緒に行動してみましょう．利用者は一緒にいることで落ち着きを取り戻し，笑顔になります．

暇そうにしてる
淋しいのかな
手伝って
もらおう

なにをすれば
いいのかな〜
なにを手伝い
ましょうか？

話をしながら
一緒に
いろいろな
話が聞けた

私でも
役に立つのね
うれしいなぁ〜

⓭ - 2　自分の足で歩きたい

職員の気持ち

利用者の気持ち

頑張って
歩けるように
なりたいね

時間に間に
合わないこと
多くて

早く早くって
うるさいな

カンファレンス
で話し合おう

俺の事?

無理なこと
しない方が
いいよ
安全第一で…

俺は
まだ歩ける
こんなの嫌だな
歩きたいのに

Point｜ケアのポイント

「もうまともに歩けないから無理」と決めつけて，「転んだら骨折する」とスタッフは車いすを使うことがあります．しかし，自分で歩きたいという利用者の意欲があれば，わずかな距離であっても安全に歩く方法を検討するようにしましょう．自分の足で歩くことが生きる意欲につながります．

歩きたい意向の確認

皆でカンファレンス

喜んで歩くようになった

⓭ - 3　代わりの案を考えよう

職員の
気持ち

利用者の
気持ち

さぁ
お菓子を
買いに
行こうかな

こんな時間から
外出なんて

行きたいのに
何でダメ?

夜中だし
いいかげんに
してよネー

そんな言い方は
しなくても
いいでしょ
何でよ!

Point｜ケアのポイント

夜遅くに目覚めた利用者が外出の支度をしてきても，実際に外出は難しいです．そのときは，スタッフが一方的な言葉で説明するのではなく，なぜ外出したいのかを，相手の立場に立って一緒に考えて，代わりの提案をしてみましょう．

こんな時間に
どうしよう?

本人が納得
できる方法を
考えなくちゃ

え〜っ!
お菓子
あるといいな

一緒に
お茶するか

楽しい
おしゃべりも
できてうれしい

安全と安心を守る

職員の気持ち

利用者の気持ち

さぁ～
早く入ろうネ

中を見て
もらわなきゃ

鍵かかって
ないから
使ってないと
思ってた

あっ なに?!
いまははだか
だよ!

ごめんなさい

いやーだな
もう!

Point ｜ ケアのポイント

見学者に施設内を案内するときは，利用者のプライバシーを侵すことのないように，気をつけて案内しましょう．利用者は入浴中やトイレの使用中など，鍵をうまく使えないことも考えられます．「使用中」の札を外側からかけることが必要な場合もあります．

使用中の
札は
見えるよね

鍵も
かかってるね

職員の
気持ち

利用者の
気持ち

トイレ行きたい
んだけど…

トイレは狭くて
使いづらい

狭いけど
置いて
いけないし
ドアは閉まら
ないし…
どうしよう

しかたない
狭いし

ここで
見ていれば
いいか…

前に立ってて
おしっこできない
こんなのいや!

Point | ケアのポイント

ドアを開放したままで排泄介助をすると，他の利用者からは丸見え状態になってしまいます．入り口にカーテンを下げるなど，狭いトイレでも視線を遮る工夫をしましょう．衣服を下すのは利用者の背面から，また，排泄を中で待つ間は利用者の視野に入らない立ち位置など，安心して排泄できる配慮が必要です．

トイレは狭くて
使いづらい

うしろから
下着を下ろす

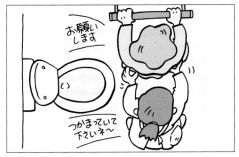

うしろからの
介助は
うれしい

中で待たないと
危ないし
横に立つか
できる限り
視線に入らない
ように

横にいて
くれたら
安心

⓮ - 3　だれにも羞恥心はある

職員の気持ち		利用者の気持ち

職員の
気持ち

一人にして
大丈夫かな?

終わったころ
声をかけて
くれるかな…

終わったけど
いつ来て
くれるの
かなあ〜

もう
そろそろ
いいかなー

びっくりした!!

Point ケアのポイント

トイレで1人になると不安になって，立ち上がろうとする利用者もいます．ドアの外で待っていますからと声をかけることで，安心して排泄できる場合があります．少し時間が経ってから，ドアをたたいて声がけし，できないことがあれば支援しましょう．

さて
終わった

もう
そろそろ
いいかなー
ノックをして
礼儀正しく

気持ちよく
排泄できて
よかった

ありがとう
おしっこが
気持ちよく
できた

職員の
気持ち

利用者の
気持ち

せっかく
よい天気だから

どこかへ
連れて行かれる
こわい所？

たまには
外の空気を
吸って
もらいたい

何だか
こわいなあ～
やめて！

どうしたの？

Point | ケアのポイント

私たちには普通の行動でも，利用者にとっては早い動きに感じられてこわい思いをさせることがあります．車いすを押すスタッフは後ろ側にいるので，座っている利用者は動き出すことが恐怖感につながることがあります．声がけをしながら，ゆっくり動くことを心がけましょう．

説明して
わかって
もらえるか？
ゆっくり言えば
わかるかな？

まわりに
注意しながら

一緒に行くから
大丈夫

スーパーの中は
狭いので
特に注意して

ゆっくり押して
くれるから安心

⑮ - 2　予定は明確に伝える

職員の気持ち

時間に間に
合わないから
早く着替え
ましょう

利用者の気持ち

早くしてほしい
遅いから
私が全部して
しまおう

何で
引っぱるの?

私の言う
とおりにして
ほしい

なにも説明が
ない?

Point ｜ ケアのポイント

利用者はいつもと違う状況が起きると不安になり，体を固くして動かなくなるときがあります．予定どおりに進まないと，スタッフは焦って，強い口調で説明してしまいます．これからなにをしようとしているのか，いまなにをしなければならないのかを利用者にはっきりと伝えましょう．

外出
しますから
着替え
ましょうね

今日は
病院に行く日
だから
よく説明をして

⓯ - 3 利用者の生活の場を侵さない

職員の気持ち		利用者の気持ち

グループホームを見ていただきたい 利用者も落ち着いているから しっかり紹介したい

あの人 だれ？

ちょっとだけ だから じゃまには ならないだろう

なにをしに 来たのだろう？

行かなきゃ!! どこに行けば いいのか なぁ〜？

Point ｜ ケアのポイント

暮らしの中心は，いつも利用者です．来客が来る前に大まかな内容を伝えておきましょう．来客が到着したとき，紹介するとともに利用者の生活を侵さない配慮が大切です．来客の様子によっては，利用者の緊張や不安を生むこともあります．

わかって
もらえるかな？
説明を覚えて
いてくれない
かも？

いつもの職員
なにかいって
いる
ふだん通り

もう一度
なにをしに
来られたのかを
はっきり説明
する

見慣れない
女性
どこの人

わかって
くれたかな？

とりあえず
おじぎ
しておこう

⑯-1 閉じ込めない

<table>
<tr><td>職員の
気持ち</td><td></td><td>利用者の
気持ち</td></tr>
</table>

職員の気持ち

ここはどこ?
知っている人は
いない…

なにを
してるの?

何とか
しなきゃ…

早く
落ち着いて
くれないか
なぁ〜

家に帰りたい
だれか助けて

ウロウロ
歩き回って
どこへ行くん
だろう?

こわい!
どうしたら
いいの?

Point　ケアのポイント

鍵をかけた閉鎖空間は，「出られない」「閉じ込められている」など，利用者に不安な表情やウロウロ歩き，出口を探す行動を生みます．外が明るい日中は鍵をかけずに，自分の意志で外に出られることがわかっていると，利用者は安心して穏やかな表情をみせます．スタッフは利用者がどのような表情で過ごしているかを知っておきましょう．

ここはどこ？
知っている人は
いない…

一人では
あぶないから
注意して
見守りましょう

出口は
どこだろう？

もう一人の
職員が
対応して
一緒に歩いて
くれている
よかった

自分で
開けられた
ここが出口だ
よかったな

職員の
気持ち

利用者の
気持ち

Point | ケアのポイント

自分で歩くことは，依存から自立につながります．自分の足で，歩けるように支援したいものです．空間の整理整頓をして，廊下には手すりをつけるなど，つかまりながら歩けるように支援するとともに見守りを強化しましょう．また廊下には，歩行の障害になるようなものは置かないことが重要です．

安全に
移動できる
ように
廊下には
物を置かない

手すりがあるから
こわくない

歩きたいとき
つかまる
ところがあって
助かった

⓰ - 3 　家具の定期点検

職員の
気持ち

利用者の
気持ち

休めるように
イスを置いて
おけば安心

あー
イスがあった
助かった

何だこれは?
グラグラする
こわいな

こわいなぁ

利用者が毎日使うイスやテーブルなどがグラついていないか，常に注意し，気になったときは躊躇なく対処しましょう．さまざまな事故を防ぐには，日ごろの点検が大切です．

事故を
未然に防ごう
普段の
点検が大切

職員の気持ち		利用者の気持ち

おしっこしたい
トイレはどこ？

さっき行った
ばかり
いつもそう
時間までに
やらなければ

トイレはどこ？
わからない

この時間は
この業務を
終わらせ
なければ…

どこ？
困ったな…

もう
大変!!

Point　ケアのポイント

スタッフの仕事は家事の分担業務だけではありません．利用者の生活支援が最優先です．私たちはいつでも利用者の困り事に気を配り，困っていることに気づいたときは，一緒に解決するようにしましょう．

これも急ぐ業務だけどトイレが先かな

おしっこしたいトイレはどこ？

場所を教えないと自分では見つけられない

トイレはどこ？わからない

なに事も利用者優先！

あ〜よかった

職員の
気持ち

出しておけば
介助はいらない
利用者だから
いまは他に急ぐ
用事があるから
一人で大丈夫
でしょう!!

利用者の
気持ち

あ〜
おいしそう

みんなどこに
いるの?

食べ終わった
食器は
片づければ
いいの?

どうしたら
いいんだろう?
皆んなどこに
いるのだろう?

Point | ケアのポイント

介助はいらなくても，利用者の見守りはどのような場合でも必要です．「いただきます」はもちろんですが，「ごちそうさま」のあいさつを受けることも大切です．利用者が自分で食べられるから見守ってなくてもいいではなく，食べ終わるのを見届けて，利用者1人ひとりのペースに合わせた見守りが必要です．

あー
おいしそう

全部
食べられた

おなかいっぱい

自分で片づけ
してくれて
ありがとう

食べ終わった
食器を
片づけよう

⑰ - 3　だれが主体？

職員の
気持ち

利用者の
気持ち

お茶の時間
だから…

出された物は
いただきます

利用者には
お茶を出して
あるから…
私は同僚に
連絡すること
がある

食べる物が
なくなった
から…

Point｜ケアのポイント

利用者がお茶飲みするときは，同じテーブルを囲んで一緒に楽しむ
こともスタッフの仕事の1つです．個人に合った水分量の確保がで
きているかを，さりげなく確認するようにしましょう．またスタッ
フ間での私語は，利用者の前では慎みましょう．お茶を出したから
いいではなく，利用者の様子をしっかり観察することが大切です．

お茶の時間
だから…

一緒に
お茶のみ
しましょう
熱いから
ゆっくり…

おいしいな

水分は
足りてるかな？

楽しいな

⓲ - 1 チームで仕事する

職員の
気持ち

利用者の
気持ち

あ〜
忙しい
洗濯物を
片づけ
なければ

何だか
忙しそうネ〜!!

私はどうしたら
いいの?

こんなときに
来客
ホーム長が
留守だから
代わりに
聞かないと

ここに座ってて
いいの?

あ〜
忙しい

一人ぽっちで
さみしい!

Point | ケアのポイント

玄関の開く音や人の気配，バタバタ歩く足音などの雑音だけでも利用者はソワソワした様子になります．忙しいときこそ，スタッフは声をかけ合って，分担を決めて動くなど，互いの連携が大切です．スタッフは自分の動きだけに集中するのではなく，利用者をしっかり見守ることが大切です．

利用者に
気配りしながら
職員は
役割分担

いつもと同じで
元気です

一人は洗濯場
にいるから
もう一人の
職員はフロアで
見守り

一緒に
いてくれる？

来客だけど
あっちは
まかせましょう!!

⓲ - 2　だれのためのイベント？

職員の
気持ち

利用者の
気持ち

恒例の
行事だから
今年はどんな
風にやるか?
準備が大変

何の話し合いを
しているの
だろう
つまらないな

飾りつけが
大変!

私たちは
手伝わなくて
よいのかなぁ～

あぶない!
部屋に
行ってて
くれないか
なぁ～

私たちは
じゃまなんだね!

Point｜ケアのポイント

スタッフが集まってお祭りの企画を練っているのは結構なのですが，往々にして利用者を蚊帳の外に置いているようなことはありませんか．利用者が昔を懐かしんでお祭りを楽しみにできるように，一緒に計画を作っていくことは非常に望ましいことです．

一緒に参加を
呼びかけよう

お祭りを
やるんだって？

利用者の
希望は何？

楽しく
なりそう…

お祭りだから
みんなで楽しも

簡単な
飾りつけを
お願いしよう

楽しいなぁ～
きれいに
飾りつけよう

ご本人の持てる力の理解
対象者を理解し，生きる力を引き出す

職員の
気持ち

利用者の
気持ち

こんなに
たくさん夏物も
冬物も一緒に
かけている

全部私のもの
大切なもの
いっぱい
あるから
大丈夫

だから
寒い日に
ノースリーブの
ワンピースを
着るんだ…

さわったら
本人から
文句を
言われる

なにを
着れば
いいのか
わからない…

これで
いいのかな?

Point | **ケアのポイント**

わからないことやできないことが増えてくると，選択が難しくなってきます．できる限り自分の力で選択していただくためには，どのようにすればよいのかはスタッフが常に考えていなければならないことです．たとえば，なにを着ればよいのかがわからないようなときは，いまの季節に合う衣服だけをかけておき，利用者に2つ見せて1つを選ぶようにすれば意外とスムーズにできる場合があります．

一緒に
片づければ
いいね

手伝って
くれるんだ

あとは
薄物と厚物を
区分して
とり出しやすい
ように並べよう

大切な物だから
全部とってある

具体的に
見せて希望を
聞いてみよう
好きな物を
決められて
良かった

好きな物がある

⓳ - 2　自分のことは自分で決める

職員の気持ち

利用者の気持ち

ずっと髪を伸ばしてきた
これが似合うとみんなが言う
私もこれが好き

髪の手入れは自分ではできないのだから…不潔だから手入れを簡単にしてほしい

本人に説明してもわからないから美容師さんを呼んで切ってもらおう

私の髪を切らないで!

Point | ケアのポイント

長年髪を伸ばしている利用者が自分でできなくなってきたから，利用者の了解を得ずにスタッフが美容師に髪のカットをお願いするような所があります．利用者に確認しないで，スタッフが介護しやすいようにすることは，絶対にしてはいけない行為です．利用者の意向を確認し，長年大切にしてきた生活様式を尊重しましょう．

ずっと髪を伸ばしてきた
これが似合うとみんなが言う
私もこれが好き

髪を切るほうがいいのか…

髪を切るとどんなふうに見えるかな？

職員の気持ち

利用者の気持ち

たまには
買い物に
誘ってみよう
普段は退屈
しているから
変化になる

はじめて来た
所だな

さぁ着いた
こんなにあれば
きっと好きな
物があるだろう

ザワザワ
している
いっぱい物が
あって…
なにか言って
るけど
聞き取れない
どうしよう

どうしたの？

何だか変
もう休みたい

Point	ケアのポイント

利用者と買い物に行く前に，なにを買いたいのかを，探っておきましょう．店に着くとたくさんの種類とザワザワした環境から，利用者が戸惑うことがあります．スタッフが具体的な利用者の好みを事前に把握し，適切なところに案内することで，利用者はあまり迷うことなく自分で選択でき，嬉しい体験となるように支援しましょう．

はじめて来た
所だな

きっとこれが
好きだろう
具体的に
見れば
決められる

いっぱいあって
迷うなぁ～

喜んで
もらえた

楽しいな

⑳ - 1　無理やりしない

職員の気持ち

利用者の気持ち

決められた
お薬だから

僕は
痛いところ
ないのに…

先生から
渡された
お薬だから
飲ませないと
いけない

やめてーっ!!

もう言葉も
理解もしにくく
なっているから
困った!!

僕の身体は
自分で守る

Point ケアのポイント

利用者に病気の自覚がなく，どうしても内服をいやがるときは，ひと呼吸おいてから，改めて服薬を勧めましょう．また，服薬時間をずらしたり，服薬方法等を変更したい場合は，勝手に判断せず必ず医師・看護師に相談して，その指示を得ましょう．水分補給のタイミングに勧めるとスムーズに内服できることもあります．

血圧が高いと
どうなるのか？

あらかじめ
許される範囲を
聞いておこう

ていねいに
わかりやすく
説明しよう
聞いてくれる
かな？

いますぐ？
そうか…
ここが
よくなるのか
わかりやすい
なぁ〜

職員の気持ち		利用者の気持ち

困ったわ
どうしよう?

?

トイレに連れて
行かないと…

?

このままでは
他の人に迷惑
をかけてしまう

恥ずかしい
ことを
皆んなの前で
言うこと
ないだろ!!

どうして立って
くれないの?

絶対ここを
動かない!

Point｜ケアのポイント

清潔にすることは大切ですが，利用者の戸惑いと恥ずかしい思いを汲んだ支援が大切です．「スタッフが気がつかなくてごめんなさい」という態度で，スタッフが，周りに気配りしながら「気が付かなくてごめんなさい」という態度で声をかけ，利用者が立ち上がって行動できるように支援しましょう．

困ったわ
どうしよう？

困ったな！
どうしよう？

早くトイレに
連れて
いかないと

なにか
あるのかな？

トイレで
きれいに
しましょう

ありがとう

⑳ - 3　利用者のペースで起床

職員の
気持ち

利用者の
気持ち

朝だから

よく眠って
いるけど
起こさないと…

えっ!!
なにがあった?

びっくりした!
突然
なにするんだ!

Point ｜ ケアのポイント

カーテンを開け，時には窓を開けて空気の入れ替えをするなど，目
覚める状況を作ってから声をかけましょう．まったく起きないとき
はそのまま少し時間をおいて，しばらくしてから「おはようござい
ます」と声をかけるのもよい方法です．

朝だから

朝になった
ことを知らせ
なければ…

よく眠れた
　かな？

朝か？

㉑ - 1 できる力を引き出す

職員の
気持ち

利用者の
気持ち

認知症に
なったら
わかる訳ない

訳がわかって
いるの?
わからないはず
だけど…

何だか
たのしいなぁ〜

あー退屈
私にも
できることは
あるはず
だけど…

よごすだけ
だから
どこかに
行ってくれ
ないかなぁ

皮むきなら
できるけど…

Point ケアのポイント

「認知症になってもうなにもできない人」と決めつけないで，利用者が永年培ってきた暮らしの技を引き出せる環境を作ってお願いするのがよいと思います．具体的に目の前において手順を整え，声をかけて，見守り，一緒に取り組みましょう．利用者は生き生きした笑顔を見せてくれるはずです．

以前やってきた
得意なこと
だから…
聞いてみよう

見守りながら
一緒にやろう…

昔は包丁で
むいてたけど
新しい
調理器具
だけど
できるかな?

さすが!!

おいしい
よかった!
お役に立てた

㉑ - 2 生活歴から「できる力」を見つける

| 職員の気持ち | | 利用者の気持ち |

どこにいればいいの?

ここにいていいの?

恐い顔してるし
怒り出すかも
わからないから
遠くから
見ていよう

なに見ているのよ!!

こんな所にいたくない!

Point　ケアのポイント

なにをしてよいかわからない，家に帰りたい，トイレに行きたいなど，利用者が険しい顔をしてウロウロすることがあります．利用者がどのような暮らしをしてきたか，なにが得意なのかというこれまでの生き方から，いまの暮らしのなかで生かす力を探しましょう．利用者が人の役に立っているという実感をもって過ごせるように支援したいものです．

ここが
どこなのか
わからないし
家に帰りたい

以前の
経験を
活かせそう?

これならできる
役に立った?

㉑ - 3　役割の発見

職員の気持ち		利用者の気持ち

ここは
なっとらん!

細かい事
ばかり
言うんだ

ここも
汚れてる

すべて
命令口調
なんだから…

無駄話ばかり
しないで
なにかしなさい!

いつも
怒ってばかり
なんだから
いやになる!

だから
なっとらん!!

Point ケアのポイント

イライラして落ち着かず，周りに当たり散らすようなとき，身体的・心理的・環境的な側面からその人の内面を探ると同時に，社会的側面も考えてみましょう．役割を与えることで，共同生活の一員として利用者自身が再認識し，落ち着きを取り戻すことがあります．

職員の気持ち		利用者の気持ち

あっ!
ナイフを
もってる

皮むきなら
私にもできる

認知症の人に
ナイフを
持たせる訳に
いかない!

上手なのに
なんで…

むいてから
出すべきだった

何で
こんな扱いを
受けるの?

Point　ケアのポイント

利用者の安全を守ることはスタッフの仕事ですが，すべてを取り上げることはしないでください．利用者はストレスでいっぱいになります．認知機能の低下があっても，包丁を使ったり，はさみを使ったりはできるものです．利用者がいまでもできる力を発揮するとき，万一危険が及んだときのためにスタッフは側で見守りましょう．

職員の
気持ち

片づけを
手伝おうと
してるけど…
危ないなぁ〜

利用者の
気持ち

少し
片づけを
手伝わないと…

ゆっくり
運ぶから
大丈夫
なんだけど
なぁ〜

掃除手伝って
くれると言うが
体の不自由な
人にさせる訳に
いかないよ

こうすれば
大丈夫!

私にだって
できる事も
あるのに
家でも
やってきたのに

Point｜ケアのポイント

高齢になると筋力が落ちて動きが不安定になる利用者が多くいます．身体が不自由になって人の助けを借りるようになっても，なにかしら，お役に立ちたいという気持ちはあります．四つん這いで床拭きすると，安定する姿勢になる場合があります．お手伝いをお願いすることが利用者の喜びとなることもあります．

筋力が
落ちているから
注意しないと…

ゆっくりなら
大丈夫!

こうすれば
できる!

掃除手伝って
くれると言うから
一緒に玄関
でも掃除し
話ながらやろう

私も役に立てて
うれしいな
一緒に
掃除できて
うれしい〜

㉒ - 3　できる力を活かす

乾いたわ

手伝いたい
お役に
立ちたい

せっかくだけど
やり直さなけ
ればならない
から…

そんな言い方を
しなくても
いいのに…

Point | ケアのポイント

利用者と一緒に家事を行うより，スタッフが自分で行うほうが早く手際よくできると思いがちです．利用者の「できなくなった」ことよりも，利用者の「いまできること」に注目しましょう．一緒にやることで利用者は充実して，生活の満足を味わい，穏やかに生活できると思います．

乾いたわ

きちんと
たたんで
くれるかしら？
お願い
してみよう

お役に
立ちたい

ありがとう
助かりました

昔から
やってきた
ことだから

㉓ - 1　好きなものが食べたい

職員の気持ち

入居したばかり

利用者の気持ち

朝ご飯?

ご飯だ!!

どうして食べないの?

言えないし…
他の方は
食べて
いるけど…

昔から朝食は
パンの習慣
なのに…
言えないな〜

Point　ケアのポイント

利用者はわからないことが増えると，気持ちを隠して澄ました表情を見せることがあります．本人に希望を聞いて，表情やしぐさから本当の気持ちを汲み取る必要があります．永年身についた暮らしの習慣は，できる限り取り入れてその人らしい生活を支援しましょう．

いままでの
食事習慣は?
朝食を
パンにして
みよう

やっぱり
パンが
よかったんだ

おいしそう!

よかった

うれしい!
やっぱり朝は
パンに限る

職員の気持ち

そろそろ
お部屋に
もどって
くれないか
なぁ～

利用者の気持ち

静かな所で
ゆっくり話せて
うれしいね

いつまで
話して
るんだろう

まだ話を
していたい
のに…
もう少し
いいでしょう?

ダメです!
規則ですから

え～っ!
やっぱり
ダメなんだ

Point｜ケアのポイント

日常の生活リズムを守ることは健康な暮らしの要素です．だからといって，利用者の暮らしをスタッフが管理して，楽しみを中断することはストレスとなります．話が弾んでいるときには，どのような話なのか，会話の成り立ちなど，利用者のもっている力を観察しながら見守りましょう．

静かな所で
ゆっくり話せて
うれしいね

9時に
なったことは
伝えよう

もう少しお話し
していたい

あまり遅く
ならない
ようにネ
もう少ししたら
また声をかけに
きましょう

ありがとう
楽しいネ

職員の
気持ち

利用者の
気持ち

ここは
グループホーム
お酒は
ダメ!

一口ビールが
飲みたいな…

グループホームは
お酒はダメです

小さい
缶ビール
1個でいいのに
ケチ!

待って!
どこへ
行くの?

家に帰る!

こんな所には
もういたくない

Point ケアのポイント

決められたルールを押し付けることは，利用者がどのような気持ちになるのかを考えましょう．家にいて毎晩晩酌をしていたのであれば，何とか飲めることを考えたいものです．ただし，認知症のために服用している薬剤との関係を考え，家族の同意と医師の了解が必要です．

医師に
相談してみよう

薬の影響も
ないようだし
少しならお酒を
出しても
よいかも…

よかったですね
今後の様子を
注意して
いかなければ

感謝!!

グループホームの誕生

1．誕生の背景にあるもの

　1945年，いまから76年前に日本は世界を巻き込む戦争を体験しました．敗戦後の経済は急激に成長発展し，国民は伝染病の予防接種をはじめとする各種健康保険施策のもと，健康に生きる社会を実現したのです．さらに現在では，人生100歳までといわれる世界一の長寿国になりました．しかしその一方で，長生きの代償ともいえる，身体的，精神的，社会的に疾患を抱える人々が増えて，高齢者特有の新たな課題を産む状況となりました．

　実際には，人生の最終章を病院のベッドで点滴注射のチューブにつながれ，おむつをしながら暮らす日々を送る人をつくり出しました．

2．グループホームの誕生

　グループホームは，1980年に老人性痴呆症（現在の認知症）の小規模グループケアの家「バルツァゴーデン」としてスウェーデンに誕生しました．開設者はバルブロ　ベックーフリス医学博士で，彼女は1988年に出版した著書[1]のなかで以下のように述べています（「スウェーデンのグループホーム物語」ふたば書房，1993）．

　「治療にふさわしい小規模な環境こそが，痴呆性老人にとっていちばんよいことが今日，私たちにはわかっている．

　このグループホームでは，大変に価値のある生活方法で，24時間サービスの暖かい世話が受けられる．

　痴呆性老人たちは，それぞれ個室をもち，なによりもまず1つの生活共同体であり，そこには大家族が一緒に生活しているという趣がある．それが，なぜ大切なことなのか．

　小さなグループほど，それぞれ1人ひとりが自分の家にいるように感じ，不安や心配（情緒不安）を少なくする．

　グループは，多くて8人までの入居者で構成し，家具やその家のつくりを，痴呆性老人たちが慣れ親しんだ環境で整えることが望ましい．

　しかし，最も大切なことは，"ケアの哲学"である．ケアの目標は，病気で混乱をきたしている老人の自尊心が高められることにある．

　痴呆性老人たちは，とりわけ世話を必要とする．

　そのため，スタッフと痴呆性老人の家族は，彼らに対する実際的な支援と同時に，彼らを元気づけ，刺激を与え，活性化する必要があることを知らなければならない．

　グループホームケアの重要なポイントは，痴呆性老人だけでなく，スタッフや老人の家族が，安心と快適さを感じることができるように，喜びと親密さを組み合わせてお世話することである．」

以上のように，認知症という病気を治すことはできなくても，暮らしの改善が緩和ケアであるという一筋の光を本に記しました．

　1985年，それまで精神病院に入院していた女性4名と男性2名の認知症の人が集まって，一緒に暮らし始めました．6か月後に2名加わり，合わせて8名となりました．それぞれが個室をもち，一緒に過ごすリビングと食堂，台所や庭などがあります．家の中には大切にしていた絵や飾り物を持ち込みました．それは元気に活躍していたころの思い出のきっかけとなるものです．例外は個室のベッド．ベッドだけは病院で使用されるものが置かれて，支援する側が使いやすい配慮がされていました．

　スタッフは「個別性を受け入れるケア」に力を注ぎました．ほとんどの利用者は表情がなく不安そうでしたが，だんだんと変わり始めました．心配なことを質問する場面がみられ，その時スタッフは正確に答え，肯定的なやりとりをする努力をしました．また，利用者の気持ちを汲んで一緒に答えを出そうと，ゆっくり回答を待ち，考える時間を大切にする関わりをしました．すると利用者は，周りの人々や傍で過ごす他の利用者に関心をもつように変わり始めたのです．スタッフが心がけたケアのキーワードは，1人ひとりの利用者に対して，

　「認める」

　「ほめる」

　「思いやる」

　「感謝する」

　「幸せな気持ち」

　「笑い声」

があふれる時間を過ごすようにしたと書かれています.

　利用者が上手な歌や好きな音楽は気分を刺激し, 活動的に過ごす効果的な小道具として取り入れました. 言葉が伝わりにくい利用者には色や矢印で意味を伝えるために, たとえばトイレの場所は目立つ色のドアにするなど工夫しました. やがて, だんだん新たな家に慣れてきて, 自分から行動できる場面が生まれてきたのです. また, 家族や親しい友達が訪問してくれるように, そして一緒に外出してくれるような関係づくりを行いました. いまは思い出すことができなくなった大切な情報を, 家族がスタッフに伝えてくれました.

　服用している薬剤については特別に慎重であるべきだと書かれています. 特に認知症の人は薬に過剰反応することがあります. わずかなことが大きな変化をもたらすので, 注意が必要だと警告しています. 症状をみながら薬の種類を変更したり量を減らしたり. やがては睡眠導入剤の服用はなくなったと書かれています.

　そして, すべての利用者が, スタッフや家族・友人から心を寄せてもらい, 仲良くなり, 活動的になって, 幸せそうに過ごす時間が増えたとあります. 攻撃的な興奮や意味のない歩き回り, 夜間の大声などが次第に減り, なくなったと記されています.

３．日本におけるグループホーム開設と介護保険

　日本では, 1991年に北海道函館市郊外に認知症グループホーム「函館あいの里」が開設され, それは先駆的な取り組みでした. 続いて, 1994年全国社会福祉協議会が「痴呆性老人のためのグループホームの在り方に関する調査」を行い, 8施設が研究指定施設になりました. 1997年には厚生省（現在は厚生労働省）はモデル事業実施施設を25か所に拡大し, ま

た，同年には介護保険法が成立しました．さらに，1998年には47か所，1999年には新たに400か所が開設，グループホームは『認知症介護の切り札』と期待されながら，2000年の介護保険施行を迎えました．その後も事業所の開設は続き，現在では病院や特別養護老人ホームに併設されたものを含めて12,100か所（2019年現在）のグループホームがあります．

介護保険法では，認知症になっても，どの地域に住んでいても，当たり前の暮らしを保障することが目的です．2004年には「痴呆症」という病名は「認知症」に変更されました．2006年自立支援法では，障害者のためのケアホームとグループホームの一元化を目指す方向が発表されました．しかし本書では，認知症の人のためのグループホームについて述べています．

介護保険法では利用定員を5～9名で1ユニットと定め，全国どこでも同じ内容の運営状況が要綱で決められています．現在，約半数は2ユニットで運営され，スタッフには必要な研修が行われています．

また，利用者は認知症の診断を受けた場合に申し込み，介護保険の被保険者となってから，契約を取り交わします．利用者の個人情報はグループホームに提供され，どのような生活を目指すかを計画書にして，支援する関係を結びます．支援にあたっては利用者のもっている力を引き出しながら，その能力に応じた自立した日常生活を過ごす支援を受ける共同生活介護です．

4．認知症の人と付き合う

1）認知症介護
（1）認知症の人ってどんな人（普通の人）
「認知症と診断された母は　認知症の母」なのでしょうか，私にとって母は，認知症になっても，老いて歩くことができなくなっても，変わらずに私の母なのです．

自分の母親をイメージするとき，元気で働き者だったころのイメージもあり，うちのお母さんはこんな人というのは容易にイメージできますが，入居されている利用者の場合，認知症と診断され，生活に支障があるようになっ

てからの「〇〇さん」しかわかりません．だからこそ，「〇〇さん」が活躍していたころの様子はイメージがわかず，理解できないのです．そこで，入居時に多くの情報をいただき，子どものころのことから兄弟のことまで，そしてどのような仕事をしてどのように活躍されていたのかなどの情報なくして，その人の尊厳あるケアにたどり着けないのです．

（2）「わかること」と「わからないこと」

認知症になると，記憶が不確かになり，わからなくなることが多くあります．しかし，すべてがわからなくなったわけではありません．

記憶が不確かで，不安なときは，ますますわからなくなり混乱していきますが，「いまはわからなくても後で思い出せばいい」「忘れても大事なことは家族が知っているからいい」などと，気楽に暮らしたいものです．

休息を取ってすっきりしているとき，心地の良いとき，うれしいときなどは，いままでできたことがスムーズにでき，ゆっくり穏やかに話すと，普通に会話が成立することがよくあります．反対に，にぎやかな環境のなかで，疲れ切っているときなどは，混乱して，話がかみ合わなくなります．そのようなときは，静かなところでの休息が大切になります．

（3）「できること」と「できないこと」

昨日できなかったから，この人はもうできないと決めつけるのではなく，昨日はできなかったけど，どうして昨日できなかったのか，今日はどのように支援するとよいのかなどを考えたいものです．

また，認知機能の低下を予防しようとリハビリと称してプログラムをつくっているところもあるようです．利用者の意向を確認し，無理強いをしないようにしましょう．特にドリルなどできないことを無理強いすることは利用者の心を傷つけることになります．

認知症になって，わからないことやできないことがあっても，自然なこととして受け止め，ゆっくり楽しく穏やかに生きていくことを目指したいと思います．

（4）ていねいな言葉のやり取り（適切な敬語）

あいさつは，人と関わるうえで非常に大切なキーワードになります．笑顔

で適切な距離をもって目線を合わせて「○○さんおはようございます」といわれると，どんな人も気持ちよく「おはようございます」とあいさつができます．私たちの思いはそのまま利用者に伝わります．（合わせ鏡）とよくいいますが，常に笑顔で穏やかな言葉使いと態度が必要です．

　言葉使いは，人柄を表すといいます．ていねいな正しい言葉使いは，相手によい印象を与え，人間関係を円滑にします．友達と話す言葉ではなく，目上の人と話す「です」「ます」調を意識して，返事は「はい」と心がけたいものです．

　私たちが認知症の利用者と話すときも，元気で社会人として活躍していたころのその人をイメージしながらお話しすると，ていねいな言葉で対応できるようになります．しっかりとあいさつできること，適切な敬語を使い，利用者を敬いよい人間関係を築いていくことはなにより大切です．

（5）利用者の意向の確認

　日常的な生活支援を行うにあたり，本来なら自分の意思で，普通にできることができなくなったときに，できないから意思はないかというとそうではありません．自分ではできなくても，「いまはじっとしていたい」「少し風にあたりたい」「水が飲みたい」など，私たちが思って行動するのと同じように感じていると思ってください．表現できないからじっと我慢していると思ってください．我慢が限界を超えると，大きい声で怒鳴るなどの行為が起きてきます．

　日常生活の細かな点まで，利用者の意向を確認しながら，支援を進める必要があります．また，利用者の意向を確認して，「○○さんの傾向・好み」など新たにわかったことは，記録に残してチームで共有するように心がけてください．

　介護は，私ができる・できないではなく，利用者が快適に暮らせるように支援することが最終目的であり，どの人が対応しても同じようにできる必要があります．利用者をよく観察して，意向を確認しながら全員で共有することが大切です．

（6）「やってあげる介護」から「できないところを手伝う介護へ」

　高齢になると，思うように体が動かない，自分の身の回りのこともスムーズにできない状態になります．その様子を見ていると，手助けしたくなり，ついつい手を出してできることまで介助することがよく見受けられます．

　自分でゆっくりやろうとしているときに，あれこれいわれると，やろうという気持ちもなくなってしまいます．危険がないか確認しながら，自分でできることは自分でしてもらうように，見守りたいものです．また，その見守りをするときに言葉をかけずにそっと見守り，これはできないかなと思うときに「お手伝いしましょうか」と声をかけてから手を出したいものです．

　自立支援を念頭に入れておきましょう．

（7）言葉の理解

　抽象的な言葉はイメージできないと思ってください．より具体的に，物の名前をいう・わかりやすい簡単な言葉を使いゆっくり話すように心がけたいものです．また本人は，言葉を上手に使えなくなっているから言葉が理解できないと思いがちですが，言葉で表現はできないけれど，聞いていてその場の雰囲気などは理解できるし，わかっていることが多くあります．

　認知症になったらわからなくなると決めつけるのは間違いです．うまく話せなくても・すぐに忘れてしまっても，社会のなかで活躍してきたその人のプライドは最後まで残っています．言葉は理解できないことがあってもていねいにゆっくり関わっていくと，関わる私たちの気持ちは伝わります．大切な家族のように，話すように心がけましょう．

（8）環境が与える影響

　環境は大きく影響します．あるグループホームを訪ねたとき，居間に大きなテレビがありました．そこに利用者の姿はありませんでしたが，テレビは民間放送局のコマーシャルが映っていました．部屋の隅にもう一台小さなテレビがおかれていて，さらに別のコマーシャルが賑やかに音が響いていました．その小さなテレビのところにも利用者はいません．賑やかな騒音のなかでは，利用者は疲れて混乱するばかりです．静かで穏やかな環境のなかで，ゆったりと過ごしたいものです．

2）認知症の人の家族とのかかわり

（1）家族の思い・本人の思い

　自分の大切な人が忘れることが多くなり，手助けが必要となってくると，「しっかりしてよ！　がんばれ」などと励ましや激励が多くなります．何とかしなければと家族も，一緒になって明けても暮れても認知症対策一色になってきます．

　家族からすると，ハツラツとして自立していたころのその人に戻り，そうなるための支援をすることが家族の役割と感じているのですが，本人にとってそのような支援は嬉しいことなのでしょうか．

　ありのままをゆっくりと受け止め，明るく楽しく生きていくことを支援することが大切なのではないでしょうか．「いよいよ人間丸くなって，穏やかに過ごせるときが来たな…　これからは，ゆっくり過ごそう」と考えていくと，何とかしなければと脳トレのドリルやリハビリを強要することもなくなるでしょう．

　家族に伝えたいことは，年を重ね「わからないこと・できないこと」が多くなることは当たり前で，生活にも支障が出てきます．医療機関に受診をすると認知症という診断がつきますが，それは病気なのでしょうか．年を重ね，わからないことやできないことが多くなっても，家族は家族です．衰えていく自分は自分がいちばんよく知っています．そのようなときに，「どうしてできないの？」「また忘れたの？」「しっかりしてよ！」などという言葉は，あおり運転よりも恐怖心を与えます．安心して，嬉しく，楽しい日々を送れるように支援することの大切さを伝えたいものです．

（2）家族とのコミュニケーション

　家族の思いと，グループホームで生活している利用者の様子が一致しないことが多くみられます．家族は，「お世話になっているからなにもいえない」と思っている人が多く，この思いのずれを少なくするためには，しっかりとコミュニケーションを取る必要があります．

　グループホームでの生活は，共同生活であり個別ケアを目指していても完璧ではないこと，生活支援はするが，職員もチームで仕事をするなかで，間

違ったりできなかったりすることもあること．さらに，どんなに注意をしていても，転倒してしまうことや，利用者同士のぶつかり合いなど，いろいろなことが起こります．

　日々の関わりの様子をみている家族は，利用者が転倒してけががなくても，「このような状況で転倒してしまいました」「ぶつかって，手に青あざができました」などの報告をするように心がけなければなりません．

　また，入居しているからといっても，すべてのことを私たちが支援するのではなく，受診の付き添いや利用者の生活用品の買い物などは，家族に協力をお願いする場合が多いのです．また，近くのお店などから配達を依頼してもらうなど，できないこともあるということを家族に率直に伝える話し合いをしておく必要があります．

　グループホームに入居することは，認知症になって日常生活にさまざまな困難が生じてくるなかで，穏やかに暮らすために専門的なケアを求めて転居してくるのです．家族と介護者の協力と良いコミュニケーションのもとに，利用者の安心安全な生活があります．家族の方々と利用者のつながりを大切にしながら生活のサポートを考えることは，面会の制限（コロナ過では致し方ないのですが）をすることなく，家族が後悔することのないような配慮が必要かと考えます．

5．グループホームの生活

1）小規模の意味

　住宅地にある普通の家であり，1人ひとりが自分の部屋を持ち，みんなが集まれるリビングと食堂，キッチン，風呂場，トイレ，洗面所などが整っています．眠りにつくときは1人だけど，起きれば顔なじみの姿がみえる．ご飯の炊ける臭いと野菜を刻む音が聞こえる．顔が合えばあいさつを交わし，お話したり，お茶を飲んだり．いつも座る椅子に腰かけて，そっとしておいてくれる雰囲気があります．

　スタッフもまた，住まいの環境の一部です．話声，足音や体の動きがゆっ

たりとして穏やかであれば，利用者はくつろいで過ごすことができます．身の周りの音を静かにした環境だから，利用者はゆっくりできるのです．こじんまりした環境で，限られたスタッフと一緒に過ごす日常は，小規模だからこそ様子が目に入ります．利用者は忘れっぽくなっていても，周りが自分をどのようにみているかを敏感に感じ取り，自分を守っています．名前を覚えられなくとも，気を許せる相手かどうかを認知症であっても理解しています．信頼するスタッフには自分から助けを求め，忙しく働くスタッフを手伝うこともあります．そこには，利用者の気持ちを汲み取ろうとするスタッフの支援が継続されて，馴染んでいく関係がつくられます．利用者の困った表情と溜息や短い言葉など，日常生活のなかの戸惑いにスタッフが気づいて，誠実に対応する支援が共同生活介護です．

２）支援を受けて生活する：認知症の人のためのケアマネジメント

　介護保険法では，個人情報を収集して（アセスメント）→計画（ケアプラン）を作成→可能な限り自立した暮らしを提供することが定められています．その標準アセスメント（23 項目）は，課題の一部であり，それだけに目を向けても安心できる暮らしの提供はできません．はじめは利用者の口から聞けなくとも，家族やケアマネ，医療機関などから具体的な情報を収集します．入居という環境の大きな変化を受け入れていただくためのストレスを最も受けているのは，利用者本人と周りの利用者．そして，家族はどのようにやっているかを心配しています．家族からの情報収集は，利用者本人を思いやる気持ちを支える具体的な手段となり，これから先の信頼関係をつくる第 1 歩となります．

　認知症の人のためのケアマネジメントは，思い出せなくなった過去の情報を含めて全人的な情報収集が必要です．生まれ育った地域の風土，両親との暮らし，楽しいこと，好きなこと，好きな食べ物，趣味，以前に活躍していたころの役割，得意な技，大切な家族，頼りにしている人，健康法，病気の体験，最期の希望など．入居する直前のからだの情報は医師からの情報提供のほかに，指示どおりの服薬が守れているか，異常がないかを確認してください．

認知症の人は体の異変を自覚症状としてとらえることが難しく，手遅れになる場合があります．たとえば，痛みに気づかないこともあるし，痛みを訴えた場合は心理面の影響もあります．痛みの場所だけではなくその周辺も広く観察して，多面的にとらえることが必要です．また，皮膚のかゆみは知らないうちに掻き壊して，擦過傷や夜間の不眠を引き起こすこともあります．

　排泄は，食欲や睡眠に密接につながっています．排便の有無を自分では思い出せなくても，スタッフの連携で様子をつかむことが大切です．排便の情報は，その日にあったか，どのような状態だったか，どれくらいの量だったかなどを記録してチームで共有しましょう．心配な状況に気づいたときは，具体的な情報を他のスタッフに伝えて，1人ひとりの利用者に合った何らかの改善策が必要になります．

3）本人が中心のチームケア

　さらに大切なことは，具体的な生活場面で利用者が困っていることにスタッフが向き合い，その気持ちを理解して，対応策を練り上げて実践することです．利用者のありのままの表情，言葉，しぐさなどを事実としてつかみ，過去の情報に照らし合わせて，改めてもう一度，いまどのような気持ちなのかを考えた取り組みが重要です．

　「もし，あなたが認知症だったら…」という問いかけをして，利用者の言葉や行動をヒントにしながら，考えてみましょう．考えるポイントはたくさんあります．「ひもときシート」[2]は見落としてしまいがちな要素を探って，本人の気持ちを理解するためのワークシートです．参考にしてください．もう1つの方法は，スタッフが一堂に集まって話し合いをすることです．「もし，あなたが認知症だったら…」　なぜ・なにが・どんな場面でと，スタッフが自分に問いかけて，自由に，素直な意見をたくさんだすことが大切です．本人や家族が一緒に参加することもよい方法です．

　その時まわりで何が起きたか，本人はどんな言葉・表情だったか，などの事実を集めると困りごとの実態がみえて，利用者の本音が透けて見えることがあります．スタッフがとらえていた理解と違う新らたな解釈が生まれ，そ

表 1. 話し合いの例：もし，あなたが …

確認した事実からわかること	事実から読み取れること	本人の願いは？
本人の言葉・表情を思い出してみよう 集めた情報をもとに …	もし，あなたが認知症だったら … どんな気持ち？	スタッフが行ったケアは… スタッフの思い込み？ 見落としたこと？

こには利用者の心理的なニーズがあることにスタッフは気づくでしょう．そのニーズに向き合って，困り事にこたえる関わりを実践するケアプランをつくりましょう．新たな関わりは利用者を中心としたものとなり，利用者とスタッフの関係を確かなものにしていきます．

「もし，あなたが認知症だったら…」という立場で話し合うことは，認知症を経験したことのない私たちにとってはじめてのことです．利用者の立場に立ってスタッフが考え，他のスタッフの異なる意見を聞き，人間を理解しようとするときに新たな支援の糸口を見いだすことができると考えます．人間としての利用者を理解し，その気持ちが少しでもわかるようになると，傍にいることを許してもらえる関係を築き，いくらかでも安心できる支援が届く関わりとなると考えます．これまでとは違う利用者の表情がみえてくると思います．高齢者になっても認知症になっても，人間としての立場を尊重する支援が基本なのです．

4）共同生活；活動時間と夜の時間

日常生活は活動的に過ごす時間帯と睡眠や休息をとる時間帯に，大まかに分かれます．規則を決めるのではなく，利用者の体力や年齢，季節に合わせて自然な生活リズムとすることが，健康的な暮らしを継続するうえで重要です．

太陽の光や植物の変化，動物との触れ合い，体操や散歩，これまでの生活体験からの得意技，懐かしい歌など，スタッフも参加して楽しく過ごす時間をつくってください．手をつなぐ動作やカルタなどの遊びは，相手があるからできる暮らしのひとコマ．「○○をやる」と具体的に思いつくことは困難でも，身近なところに生活道具や写真などを置いて，活動のきっかけをつく

ります．共同生活だから，いっしょに楽しむことができます．そのときに，「やらない」意思を伝える人がいたら，その気持ちを尊重することが大切です．「見ている」というパターンでもよい，それがグループホームの特徴です．

　また，1日の中でスッキリしているときと，霧がかかったような時間があることを認知症の人は体験しています．夕暮れには雑音を少なく早めに照明をつけて，一緒にいることを感じてもらえる支援が必要です．もし，利用者が落ち着かない様子であれば，スタッフは仕事を遅らせてでも，不安な気持ちを受け止める介護を優先したチームでの連携が大切です．

　お腹がいっぱいになると，だれでも少し眠い気分に切り替わります．入眠前の歯磨きやトイレを支援し，適切な室温と気持ちのよい寝具を準備します．急に寂しくなって不安な感情やトイレの心配を繰り返す利用者もいます．昼間の活動の高ぶった気分を切り替えるには，スタッフ自身がゆったり落ち着いて対応することが重要です．夜間はトイレのタイミングを見計らって支援し，やすらかな睡眠が届くことを最優先にしましょう．

5）地域の中のグループホーム

　「もし，私が認知症だったら…」という本人の思いをケアに取り入れたとき，これまで暮らした場所は思い出を辿るかけがえのないものです．生まれ育った土地で過ごした出来事は楽しい思い出がいっぱいあります．また，長い間通った美容院や商店などは顔なじみの人がいます．思い出を辿ることは刺激になるし，実際に出かける機会があれば楽しいことです．認知症の人を応援してくれる協力者の見守りによって，安心して暮らせる地域をつくり上げるためにも，まずは出会う人に軽い会釈を交わしてみましょう．

　「地域運営推進会議」は，地域包括支援センター，町内会，学識経験者や利用者の家族などが集まって，グループホームの事業報告や地域との連携を話し合います．会議のなかでは，認知症予防などの情報提供やお祭り・イベント参加など，意見交換と交流の場となることが望まれます．また，予測不可能な自然災害の発生に対し，緊急時のための備えと職員研修が不可欠ですが，それに加えて地域住民との協力体制が重要と考えます．平静時から，顔

の見える関係づくりを心掛けてください．

6）その人らしさから学ぶ

　認知症が進行して，これまで身につけた知識や教養などを思い出せなくなっても，「これだけは」というこだわりは最期まであります．多くの事を忘れてしまっても，大切なものは心にしまってあると考えてください．周りにいる人々が利用者の気持ちを受け取ろうと向き合うときに，その人固有の姿がみえるものです．もし，受け取れないとしたら，私たちがゆっくり待つ気持ちのゆとりがないのかもしれません．

　病気を患っている苦痛の体験のなかで認知症の人は，自分の古い記憶を呼び起こし，身体に記憶した体験を，私たちに伝えてくれています．繰り返す話には時間軸のずれがあっても，史実に基づく貴重な体験談です．30年前には，病気のためとはいえ「なにもわからない人」「言葉も話せない人」と思われていた人々が，こんなにも穏やかな姿で暮らしていけることを私たちは学びました．穏やかな暮らしはグループホームならではの，さまざまな取り組みがあってこそのものであり，そこには支援するスタッフの努力が不可欠なのです．それは認知症介護の現場でしか学ぶことができないものであり，しっかり心に刻まれて，次世代へ伝えるものです．

　最近は認知症の人が発信するメッセージが認知症施策に生かされて，日本社会を変えるきっかけをつくっています．認知症になったことは悲しい現実ですが，最期まで希望をもって，生きていくことを支援したいと願っています．医療・看護・福祉などの専門家だけでなく，できる限り多くの人々が一緒に協力して，認知症になっても前を向いて生きていける地域づくりにつなげたいと考えています．

6．介護者に求められる姿勢や態度

1）本人の尊厳を守る

　利用者の多くは高齢で，目上の人です．言葉遣いに気をつけて，顔を合わ

せたときにスタッフからあいさつをするということは，先輩に対する礼儀です．そして，認知症による能力の低下が起きていても，人生の先輩であり，尊敬の念をもって関わらなければいけないのです．

　日常生活のなかで，子ども返りをしてしまったようにみえたり，行動がちぐはぐでいまの状況にそぐわなくなったりすることがあります．しかし，それは決して子どもに返ってしまっているのではなく，できなくなってしまったためであり，利用者自身がいちばん苦しんでいるのです．
利用者の尊厳を守る具体的な関わりを考えるときは，

　　１−１「適切な言葉」
　　１−２「あいさつは基本」
　　２−３「利用者の名前を会話の中で使う」を見ながら，考えましょう．
　　　また，
　　２−１「一方的に指示はしない」
　　２−２「わかりやすい会話」からも，よいヒントが得られると思います．

２）混乱の予防と緩和

　利用者の言動の意味を理解できないスタッフは，関わりを拒否されたり，乱暴な行動を受けることがあります．利用者は困らせようとしているのではなく，いまの状況がわからないのです．そして，初めから「拒否行動」「攻撃行動」という否定的な見方をすることで利用者の訴えが理解できず，受け止められない状況をつくります．
また，

　　４−２「利用者の行動の意味をわかる」
　　４−３「不安やさみしさに寄り添う」
　　５−１「行動を止めない」
　　　等の関わりが大切です．そのうえで，
　　６−１「安全に活動を促す」
　　５−３「食べている姿を見せるのも効果的」
　　６−２「短い言葉でわかりやすく」（１）

6－3「短い言葉でわかりやすく」（2）

7－1「利用者のペースに合わせて支援」

7－2「言葉かけは少なく」

　等が，ケアのヒントになると思います．

3）本人の思いの理解

　認知症になって自分の思いや望みを伝えにくくなっても，自分らしく暮らしたいという気持ちはあります．本人のできる可能性が必ずあることを理解して関わることが大切です．

9－3「手を止めて，向き合う」

10－1「できるつもりを認めよう」

10－2「自分でやろうとすることを大切に」

10－3「"まだできる"を大切に」

11－2「利用者の価値観を大切に」

　にみるような関わりが求められます．

4）安心と安全を守る

　自分を守る力が低下してくると自尊心は傷つきやすく，危険な場所の把握や方向を見失いやすい状況になります．グループホームの生活では，精神的・身体的に脅かされることがない状況をつくることが，利用者の安心と安全を届けます．そのために利用者から見えるところに，常にスタッフがいることは重要です．

14－1「「ごめんなさい」ではすまない」

14－2「プライバシーを守る」

14－3「だれにも羞恥心はある」

15－1「声かけをしながらゆっくり歩く」

15－3「利用者の生活の場を侵さない」

16－1「閉じ込めない」

16－3「家具の定期点検」

等を参考にして実践してください.

5）本人の持てる力の理解

認知症になっても生きる希望や生きている価値を感じ取れる働きかけや関わり方が求められます. さらに，利用者が自分で選ぶという意思表示は決して言葉だけではなく，利用者の表情にも表れることを理解して支援してください.

具体的な関わり方のヒントとして,

19－1「ケアプランを見直して自立を支援」

19－2「自分のことは自分で決める」

19－3「利用者のことをよく知ろう」

21－1「できる力を引き出す」

21－2「生活歴から「できる力」を見つける」

21－3「役割の発見」

22－1「認知症だからと決めつけない」

22－2「できることは私にやらせて」

22－3「できる力を活かす」

　等が参考になると思われます.

　認知症になっても,

23－1「好きなものが食べたい」

23－3「楽しみを取り上げない」

等の関わりが大切です.

【文献】
1）Barbro Beck-Friis：At Home at Baltzar-garden（1988）.

2）認知症介護研究・研修東京センター , ひもときシート（2013）.

【著者紹介】

生座本　磯美（おざもと　いそみ）
　　有限会社 ナチュラル・ライフ・代表取締役

櫻井　正子（さくらい　まさこ）
　　社会福祉法人 よつば会 グループホーム オリーブの家・理事

武田　純子（たけだ　じゅんこ）
　　有限会社 ライフアート・会長

グループホームを支える人たちへ
認知症の人たちからのメッセージ

2021 年 4 月 5 日　第 1 版
2022 年 10 月 10 日　第 1 版第 2 刷

定　価　　本体 1,500 円＋税
著　者　　生座本磯美，櫻井正子，武田純子
発行者　　吉岡正行
発行所　　株式会社　ワールドプランニング
　　　　　〒 162-0825　東京都新宿区神楽坂 4-1-4
　　　　　Tel：03-5206-7431
　　　　　Fax：03-5206-7757
　　　　　E-mail：world@med.email.ne.jp
　　　　　http：//www.worldpl.com
　　　　　振替口座　00150-7-535934
イラスト　寄國　聡（有限会社 ビッグバン）
印　刷　　株式会社双文社印刷